普通高等教育"十三五"规划教材

桥梁基础工程习题集

仇成竹　主编

北　京
冶 金 工 业 出 版 社
2017

内 容 提 要

本书参照道桥工程专业最新规范和现行道桥工程专业基础工程教材，从实用角度列选了200余道习题，题型包括填空题、判断题、选择题、简答分析题以及计算题。全书共分5章，分别为绪论、浅基础、桩基础、沉井基础和地基处理；答案专列一章，给出了以上各章习题的详细答案。

本书为高等学校土木类专业的辅助教材，也可供相关领域的工程技术人员参考。

图书在版编目(CIP)数据

桥梁基础工程习题集/仇成竹主编．—北京：冶金工业出版社，2017.8

普通高等教育“十三五”规划教材

ISBN 978-7-5024-7567-3

Ⅰ.①桥…　Ⅱ.①仇…　Ⅲ.①桥梁基础—桥梁施工—高等学校—教材　Ⅳ.①U445.55

中国版本图书馆CIP数据核字(2017)第178137号

出 版 人　谭学余
地　　址　北京市东城区嵩祝院北巷39号　邮编　100009　电话　(010)64027926
网　　址　www.cnmip.com.cn　电子信箱　yjcbs@cnmip.com.cn
责任编辑　宋　良　美术编辑　吕欣童　版式设计　孙跃红
责任校对　郑　娟　责任印制　李玉山
ISBN 978-7-5024-7567-3
冶金工业出版社出版发行；各地新华书店经销；固安华明印业有限公司印刷
2017年8月第1版，2017年8月第1次印刷
148mm×210mm；2.875印张；84千字；85页
15.00元

冶金工业出版社　投稿电话　(010)64027932　投稿信箱　tougao@cnmip.com.cn
冶金工业出版社营销中心　电话　(010)64044283　传真　(010)64027893
冶金书店　地址　北京市东四西大街46号(100010)　电话　(010)65289081(兼传真)
冶金工业出版社天猫旗舰店　yjgycbs.tmall.com

前　言

近年来，我国交通运输业发展迅速，路、桥建设得到了快速发展，道桥工程专业教学也越来越受到关注和重视。桥梁基础工程是一门重要的专业必修课，学生应该踏踏实实学好这门课程，为以后投入工作打下坚实基础。但目前道桥工程专业基础工程习题集非常匮乏，为了更好地辅助基础工程课程的教学工作，我们编写了本书。

本书依据道桥工程专业最新规范和基础工程教材内容组织编写，从实用角度编写了200余道习题，题型包括填空题、判断题、选择题、简答分析题以及计算题。辽宁科技大学土木工程学院道桥工程系教师仇成竹主编，张铁志、费爱萍、田帅以及王玉杰参加了本书的编写工作。本书可供道桥工程专业学生课后练习之用，也可为任课教师教学提供参考。

感谢辽宁科技大学教务处对本书编写与出版工作的支持！

由于作者水平有限，尤其对规范理解不够透彻，难免出现缺失和错漏之处，恳请广大读者批评指正。

编　者

2017年5月10日

目　　录

第一章　绪　　论

一、选择题（多选）

1. 基础工程设计计算的基本原则：（　　）

   A. 基础底面的压力小于地基的容许承载力

   B. 地基及基础的变形值小于建筑物要求的沉降值

   C. 地基及基础的整体稳定性有足够保证

   D. 基础本身的强度、耐久性满足要求

2. 浅基础包括：（　　）

   A. 刚性扩大基础

   B. 沉井基础

   C. 柔性扩大基础

   D. 地下连续墙

3. 基础工程相关验算包括：（　　）

   A. 基础沉降验算

   B. 基础结构稳定性验算

   C. 基础横向承载力验算

   D. 地基竖向承载力验算

二、简答分析题

1. 简述基础工程的形式及适用条件。

2. 简述上部结构、地基、基础共同作用的概念。

3. 简述基础设计的内容和步骤。

4. 浅基础与深基础有哪些区别?

5. 何谓刚性基础，其有什么特点？

6. 基础埋置深度应考虑哪些因素？

第二章　浅基础

一、填空题

1. 一般而言，基坑尺寸要比基底尺寸每边大(　　　　)，以方便设置(　　　　)及立模板和砌筑工作。

2. 旱地有围护基坑开挖，可采用形式有(　　　　)、(　　　　)和(　　　　)三种。

3. 目前，基坑排水常用的排水方法有(　　　　)和(　　　　)。

4. 刚性扩大基础地基承载力验算包括(　　　　)、(　　　　)和(　　　　)。

5. 常用的板桩材料有(　　　　)、(　　　　)和(　　　　)三种。

6. 多支撑板桩墙支撑间距布置有两种方式：(　　　　)布置和(　　　　)布置。

7. 地基承载力容许值确定方法有三种，分别是(　　　　)、(　　　　)、(　　　　)。

8. 刚性扩大基础是由(　　)、(　　)、(　　)、灰土和三合土等材料组成的墙下条基或柱下独立基础。

9. 持力层地基承受的荷载随着土体深度的加深而(　　)，到一定深度后，土体承受的荷载可以忽略不计。这时就把这一层往下的土体称为(　　)。

10. 天然地基是指自然状态下即可满足承担基础全部荷载要求，不需要(　　)的地基。

二、判断题

1. 置于透水性地基上的桥梁墩台基础，当验算地基承载能力时，应按设计水位考虑浮力。(　　)

2. 碎石土为粒径大于 2mm 的颗粒含量超过总质量 60% 的土。(　　)

3. 表面排水法不适用于易产生流砂现象的饱和细粉沙层。(　　)

4. 轻型井点降水，由于抽水时地下水向下发生渗流，因此可避免产生流砂现象和边坡坍塌。(　　)

5. 为增强基础的抗滑移稳定性，基础四周可增设齿槽。(　　)

6. 基坑降水应注意其对邻近建筑物的影响。(　　)

7. 钢板桩在插桩时，应从下游开始分两侧向上游依次进行。(　　)

8. 对于修建在岩石地基上的基础，允许出现拉应力。(　　)

9. 对于倾斜岩层表面，为充分利用岩石地基的承载能力，可将基础的一部分置于岩层上，另一部分则置于土层上。(　　)

10. 为了防止桥梁墩、台基础四周和基底下土层被水流掏空冲走以致倒塌，基础必须埋置在设计洪水的最大冲刷线以上。(　　)

11. 为增强基础的抗倾覆稳定性，桥台的填土应选择黏性土、粉土等细粒土。(　　)

12. 在淤泥和饱和软黏土中，宜采用轻型井点。(　　)

13. 对于承受单向水平推力的结构而言，基底倾斜可增强基础的抗滑移稳定性。(　　)

14. 钢板桩在使用过程中，为防止堰内水位高于堰外水位，使槽口脱开，可在低于低水位处设连通管，抽水时封闭。(　　)

三、选择题（1~4 为单选，5~9 为多选）

1. 哪种土质不适合表面排水法？(　　)

A. 粗沙

B. 饱和粉细沙土

C. 坚硬黏土

D. 砂砾

2. 为了安全起见，基础的埋置深度在天然地面或无冲刷河底不应小于(　　)。

A. 1m

B. 1. 5m

C. 1. 2m

D. 2m

3. 地基系数计算的常用方法中，不包括(　　)。

A. m 法

B. G 法

C. C 法

D. K 法

4. 在护壁时，喷射混凝土厚度与哪项因素关系不密切？(　　)

A. 地质条件

B. 基坑深度

C. 渗水量大小

D. 基坑土压力

5. 下列选项不属于浅基础的是( )

A. 刚性扩大基础

B. 桩基础

C. 箱形基础

D. 沉井基础

6. 地基容许承载力的确定一般采用以下哪些方法：( )

A. 在土质基本相同的条件下，参照邻近建筑物地基容许承载力

B. 根据现场荷载试验的 P-S 曲线

C. 按地基承载力理论公式计算

D. 按现行规范提供的经验公式计算

7. 刚性扩大基础的设计与计算的主要内容：( )

A. 基础埋置深度的确定

B. 刚性扩大基础尺寸的拟定

C. 地基承载力验算，基底合力偏心距验算，基础稳定性和地基稳定性验算

D. 基础沉降验算

8. 当基础的抗倾覆验算不合格时，可以采取哪些措施：( )

A. 桥台的台身做成后倾式

B. 基底增设齿槽

C. 仅受单向水平推力，基底做成倾斜式

D. 台后一定长度范围内填碎石、干砌片石或填石灰土

9. 当基础的抗滑移验算不合格时，可以采取哪些措施：（　　）

A. 桥台的台身做成后倾式

B. 基底增设齿槽

C. 仅受单向水平推力，基底做成倾斜式

D. 台后一定长度范围内填碎石、干砌片石或填石灰土

四、简答分析题

1. 刚性扩大基础的设计与计算有哪些步骤？

2. 表面排水法是基坑排水的常用方法，试解释什么是表面排水法，有什么优点？

3. 浅基础的构造形式有哪些？

4. 何谓刚性角，它与哪些因素有关?

5. 刚性扩大基础为什么要验算基底合力偏心距?

6. 水中基坑开挖的围堰有哪几种形式？

7. 水中基坑开挖的围堰应满足哪些要求？

8. 确定地基容许承载力的方法有哪些?

五、计算题

1. 如图 2. 1 所示，柱下单独基础处于 $\gamma = 17.5\text{kN/m}^3$ 的均匀中密中砂中，地基承载力基本容许值 $[f_{a0}] = 370\text{kPa}$。已知基础的埋深为 2m，基底为 2m×4m 的矩形，作用在柱基上的荷载如图 2. 1 所示。试验算地基承载力能否满足承载要求。

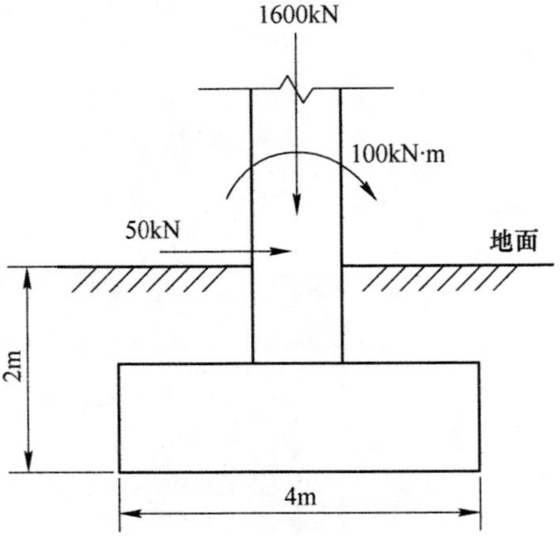

图 2. 1

2. 某桥梁墩柱尺寸 $l \times d = 2\text{m} \times 0.8\text{m}$，根据地质条件拟定采用混凝土扩大基础，基础高度为 1.2m，混凝土材料的刚性角 $\alpha = 40°$。试拟定该扩大基础的平面尺寸。

3. 如图 2.2 所示的墙下条形基础处于 $\gamma = 16\text{kN/m}^3$ 的均匀的粉质黏土中，地基承载力容许值 $[f_{a0}] = 320\text{kPa}$。已知基础的埋深为 1.5m，所受荷载如图 2.2 所示。试验算地基承载力是否满足承载要求（要求计算偏心矩 e）。

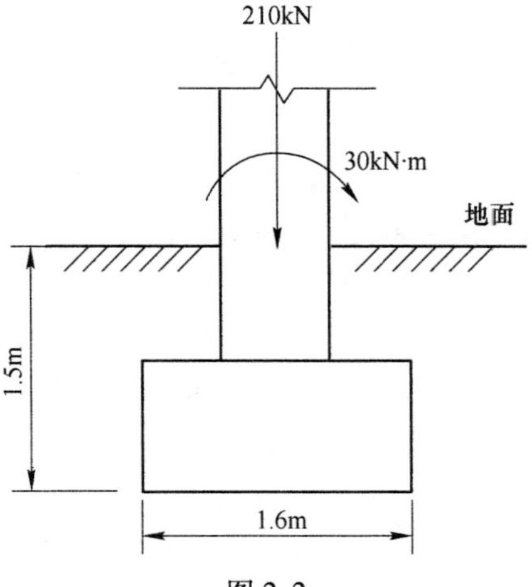

图 2.2

4. 某地基土层分布如图 2.3 所示，作用于独立基础顶面的荷载标准值 $F_k = 800\text{kN}$，弯矩 $M_k = 200\text{kN} \cdot \text{m}$，$H_k = 60\text{kN}$，基础埋深 $d = 2.2\text{m}$，基础高度 $h = 1.1\text{m}$，基础底面尺寸为 3.5m×3m，地下水位位于地面以下 0.7m 处，持力层地基承载力基本容许值 $[f_{a0}] = 330\text{kPa}$，$k_1 = 1.0$，$k_2 = 2.0$，计算中 γ_R 取为 1.0，软弱下卧层顶面附加应力系数 α 取为 0.6。试验算地基能否满足承载要求。

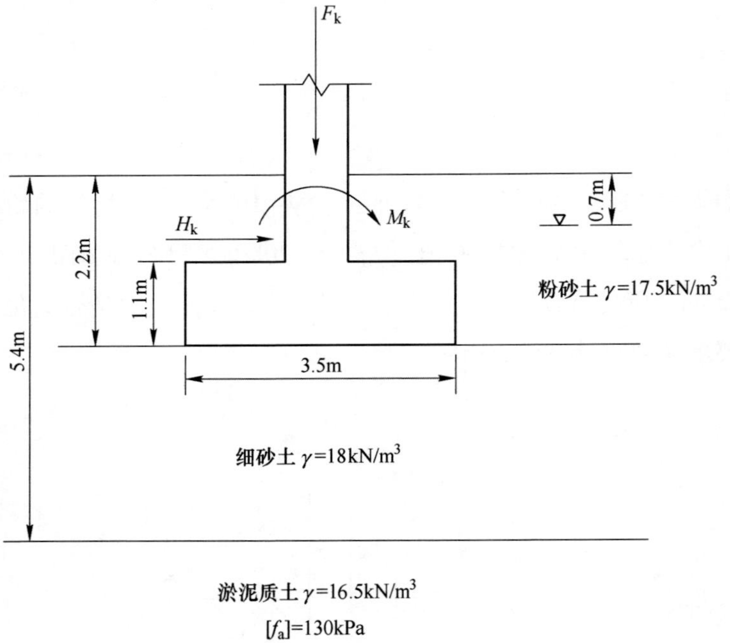

图 2.3

5. 某钢筋混凝土扩展基础如图 2.4 所示，底面尺寸 4m×3m，其上柱子尺寸 0.8m×0.6m，基础顶面荷载标准值 $F_k=1200kN$，弯矩$M_k=200kN\cdot m$，基础埋深 $d=2.0m$，基础高度 $h=0.8m$，基础底面尺寸为 4m×3m，基础底面钢筋中心距混凝土底表面的距离为 40mm，C30 混凝土 $f_{td}=1.39MPa$，柱的截面尺寸 0.8m×0.6m。试验算该基础能否满足抗冲切破坏。(要求画出计算简图)

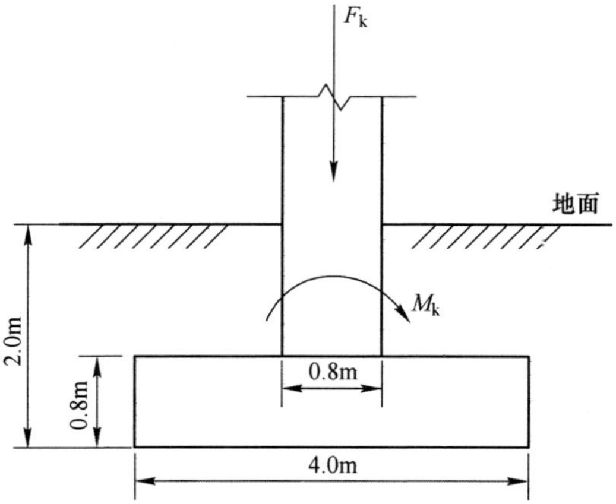

图 2.4

第三章　桩基础

一、填空题

1. 桥梁中采用的深基础主要有(　　　　)、(　　　　)、(　　　　)和(　　　　)等。

2. 钻孔灌注桩施工中，护筒的作用有(　　　　　)、(　　　　　)和(　　　　)。

3. 端承桩群桩基础承载力等于(　　　　)，其沉降量等于(　　　　)。

4. 钻孔灌注桩清孔的方法有(　　　　　)、(　　　　　)和换浆清孔。

5. 单桩轴向承载能力指单桩在外荷载作用下，不丧失稳定、不产生(　　　　　)所能承受的最大荷载。

6. 桩端阻力随着桩的入土深度特别是进入持力层的深度而变化，这种特性称为(　　　　　)。

7. 当采用静载试验法测定单桩承载能力时，对于承载能力较小的桩，可应用(　　　　　)；对承载能力较大的桩，应采用(　　　　　)。

8. 在沉管灌注桩施工中，由于挤土效应会造成桩身(　　　)。为避免这种现象，可采用(　　)措施。

9. 计算桩的内力与位移时不直接采用桩的设计宽度，而是换算成实际工作条件下相当于矩形截面桩的宽度 b_1。b_1 称为(　　)。

10. 为保证发挥摩擦桩桩底土层支承力的作用，桩底端部应尽可能达到该土层桩端阻力的(　　)。

11. 桩基础中桩的平面布置：通常桥墩桩基础中的基桩采取(　　)布置，而桥台多排桩桩基础视受力情况在纵桥向采用(　　)布置。

12. 当作用于桩基的弯矩较大时，宜尽量将桩布置在离承台形心较远处，采用(　　)的布置方式。

13. 桩内钢筋主要包括(　　)、(　　)以及(　　)。

14. 单桩在轴向受压荷载作用下的破坏模式有(　　)、(　　)以及(　　)。

15. 目前我国多采用(　　)灌注水下混凝土。

16. 挖孔桩施工过程中常用的护壁形式为(　　)、(　　)及(　　)。

17. 打入桩施工时，在正式打桩前，应进行(　　)，以便检验设备和工艺是否符合要求。按《公路桥涵地基与基础设计规范》(D63—2007) 的规定，试桩不得少于(　　)。

18. 预制桩在起吊、运输、堆放时，都应该按照(　　　)起吊，否则桩身受力情况与计算不符，可能引起桩身混凝土开裂。

二、判断题

1. 承受同样水平外力作用时，低桩承台桩基的内力和位移要比高桩承台桩基大。(　　)

2. 沉桩按照其施工方法可分为打入桩、振动下沉桩和钻埋空心桩。(　　)

3. 沉管灌注桩属于非挤土桩。(　　)

4. 敞口的预应力管桩属于挤土桩。(　　)

5. 在地基中打入挤土桩后，由于桩周及桩底土被挤密，其抗剪强度将得到提高。(　　)

6. 在饱和软土中打入挤土桩，由于挤土效应，在桩周将会产生负摩阻力。(　　)

7. 摩擦桩的单桩轴向承载能力仅由桩侧摩阻力承担。(　　)

8. 正循环成孔的排渣能力比反循环成孔排渣能力强。(　　)

9. 导管法浇筑混凝土时，首批混凝土的用量必须满足保证导管内水全部挤出的要求，导管初埋深度达 1~1.5m。(　　)

10. 灌注混凝土必须连续作业，避免任何原因的中断。(　　)

11. 预制桩在起吊、运输和堆放时，吊点位置可任意确定。(　　)

12. 打桩时，为减小挤土效应，桩数较多时，应从四周向中央施打。(　　)

13. 在轴向传递过程中，端阻力总是先于侧摩阻力发挥作用。(　　)

14. 静载试验确定单桩承载能力时，试桩数目应不小于基桩总数的 2%，且不应少于 2 根。(　　)

15. 冲孔灌注桩与钻孔灌注桩的成孔工艺是相同的。(　　)

16. 单桩的承载力可以通过静载试验的方法来加以确定。(　　)

17. 当桩周土的沉降大于桩身沉降时，在桩周将产生负摩阻力。(　　)

18. 桩身轴力在中性点处取得最大值。(　　)

19. 沉桩施工时，为减轻挤土效应，应按“先小后大、先浅后深、先短后长”的顺序进行打桩。(　　)

20. 钻孔灌注桩在施工过程中会产生挤土效应。(　　)

三、选择题（1~8 单选、9~21 多选）

1. 端承桩在清孔时，当桩直径 d 小于等于 1.5m 时，要求沉渣厚度小于等于(　　)。

A. 50mm

B. 30mm

C. 100mm

D. 80mm

2. 确定单桩横轴向承载力容许值的方法有(　　)。

A. 分析计算法和经验公式法

B. 经验公式法和规范法

C. 动测试验法和水平静载法

D. 水平静载法和分析计算法

3. 在桩基构造中，主筋直径一般不小于(　　)mm，每根桩主筋数量不少于(　　)根。

A. 8　16

B. 10　16

C. 16　10

D. 16　8

4. 影响桩侧摩阻力的诸多因素中，(　　)是最主要的因素。

A. 桩的刚度

B. 土中应力状态

C. 桩侧土极限摩阻力

D. 土的性状

5. 桩顶产生单位转角位移，在桩顶引起的弯矩为(　　)。

A. ρ_{HH}

B. ρ_{PP}

C. ρ_{HM}

D. ρ_{MM}

6. 旋转转进成孔时，按照泥浆循环程序不同，分为(　　)两种。

A. 正循环和逆循环

B. 正循环和反循环

C. 换浆循环和抽浆循环

D. 反循环和换浆循环

7. 预制桩起吊和堆放时，吊（支）点的确定应根据(　　)。

A. 施工方便

B. 桩的正负弯矩相等

C. 反力相等

D. 桩的配筋数量

8. 对于桥头路堤高填土的桥台桩基础，当桩周土的沉降大于桩的沉降时，在桩侧将产生(　　)。

A. 弹性抗力
B. 负摩阻力
C. 正摩阻力
D. 塑性抗力

9. 钻孔过程中泥浆的作用有：(　　)
A. 孔内产生较大的静水压力，防止坍孔
B. 孔壁形成胶泥护壁，切断孔内外渗流，稳定孔内水位
C. 悬浮钻渣，利于排渣
D. 冷却机具和切土润滑

10. 下列桩型中属于挤土桩的是：(　　)
A. 实心预制桩
B. 预应力管桩
C. 沉管灌注桩
D. 敞口钢管桩

11. 挤土效应对工程建设造成的不利影响有：(　　)
A. 未初凝的灌注桩桩身缩小乃至断裂
B. 桩上涌和移位，地面隆起，降低桩的承载力
C. 影响邻近建筑物，地下管线的安全
D. 使桩产生负摩阻力，降低桩基承载力，增大桩基沉降

12. 桩基施工中护筒的作用有：(　　)
A. 固定桩位，并作钻孔导向
B. 保护孔口，防止孔口土层坍塌

C. 隔离孔内孔外表层水，并保持钻孔内水位高出施工水位，以稳固孔壁

D. 防止超钻

13. 正循环旋转钻机所用钻头有：(　　)

A. 鱼尾钻头

B. 笼式钻头

C. 牙轮钻头

D. 刺猬钻头

14. 钻孔过程中应注意：(　　)

A. 始终保持钻孔护筒内水位要高出筒外 1～1.5m 的水位差，且护壁泥浆达到要求

B. 根据土质等情况控制钻进速度、调整泥浆稠度

C. 钻孔宜一气呵成，不宜中途停钻

D. 加强对桩位、成孔情况的检查工作，合格后立即清孔，吊放钢筋笼，灌注混凝土

15. 在深水中修筑高桩承台桩基时，由于承台位置较高不需坐落到河底，一般采用(　　)修筑桩基础。

A. 吊箱法

B. 套箱法

C. 围堰法

D. 钢板桩法

16. 静载荷试验中，极限荷载确定依据：(　　)

A. 取破坏荷载的前一级荷载

B. P–S 曲线上明显拐点处所对应的荷载

C. S–lg$t$ 曲线线形由直线变为折线时所对应的前一级荷载

D. 时间–位移梯度曲线上第二直线段末端的点

17. 下列情况下可产生负摩阻力的是：(　　)

A. 桩附近大量堆载，引起地面沉降

B. 地下水位下降，引起土层产生自重固结

C. 桩穿越欠固结土层进入硬持力层

D. 挤土效应引起已就位的桩上浮。

18. 验算可能产生负摩阻力桩的单桩承载能力时，下列说法正确的是：(　　)

A. 桩侧摩阻力取整个桩长范围内的侧阻力之和

B. 负摩阻力 N_n 应作为外荷载加以考虑

C. 桩侧摩阻力只计中性点以下桩段的侧摩阻力之和

D. 取中性点处作为验算截面

19. 影响土的弹性抗力的因素有：(　　)

A. 土体性质

B. 桩身刚度

C. 桩的入土深度

D. 桩的截面形状

20. 对于摩擦型群桩基础，当桩的中心距小于 6 倍桩径时，下列说法正确的是：(　　)

A. 不必考虑群桩效应

B. 群桩基础的承载能力小于各基桩承载能力之和

C. 群桩基础的沉降等于相同地质条件和设置方法下单桩的沉降

D. 群桩基础的沉降大于相同地质条件和设置方法下单桩的沉降

21. 关于桩基设计，下列说法正确的是：(　　)

A. 基岩埋藏较浅时，应优选柱桩

B. 同一桩基中不宜同时采用柱桩和摩擦桩，以及不同材料、不同直径和长度相差过大的桩

C. 柱桩的最小嵌岩深度由单桩轴向承载能力决定

D. 在进行桩的平面布置时，应尽可能使群桩横截面重心与荷载合力作用点重合或接近

四、简答分析题

1. 钻孔灌注桩如果采用旋转钻机成孔，有几种方法？简要说明其中一种方法的成孔过程。

2. 单桩轴向承载力容许值的确定有哪些方法?

3. 桩基础按照成桩过程的挤土效应可分为哪些类型?对每种类型试列举一种有代表性的桩基础。

4. 桩基础有何特点?

5. 在竖向荷载作用下，端承桩和摩擦桩受力情况有什么不同?

6. 钻孔桩施工前埋设护筒，其作用是什么？

7. 钻孔桩施工前埋设护筒时，应注意哪些事项？

8. 钻孔灌注桩成孔时，泥浆起什么作用？

9. 钻孔过程中有哪些注意事项？

10. 灌注桩清孔的目的是什么，清孔有哪些方法？试具体说明。

11. 水下灌注混凝土应注意哪些问题？

12. 什么是单桩竖向承载力，确定的方法有哪些？

13. 何谓群桩效应，什么情况下须考虑群桩效应？

14. 单桩轴向容许承载力如何确定，哪几种方法较符合实际?

15. 桩基础内的基桩在平面布设上有什么基本要求?

16. 高桩承台和低桩承台设计位置有何不同，各自的施工特点是什么？

17. 地基土的水平向土抗力大小与哪些因素有关？

18. 承台设计包括哪些内容？

19. 桩基础的设计包括哪些内容，通常应验算哪些内容？

20. 试分别根据桩的承载性状和桩的施工方法对桩进行分类?

五、计算题

1. 某桥梁承台下设置了 5 根边长为 300mm 的实心混凝土预制桩，桩长 14m 自承台底面起共有两层土，第一层为黏性土 10m，桩侧摩阻力 $q_{ik}=30kPa$，第二层为中密中砂 8m，桩侧摩阻力 $q_{ik}=55kPa$，桩端处承载力标准值 $q_{rk}=4500kPa$。试计算单柱竖轴向受压承载力容许值。

2. 某4桩承台埋深2m，桩中心矩1.7m，承台边长为2.5m，作用在承台顶面的荷载标准值为 $M_k = 220kN \cdot m$，单桩竖向承载力容许值 $[R_a] = 750kN$。试验算单桩承载力是否满足要求。

3. 有一桥梁的地质剖面如图3.1及图3.2所示。荷载效应标准组合时，作用于柱底的荷载为：竖向力 $F_k = 1600kN$，水平弯矩 M_k（长边方向）$= 150kN \cdot m$，水平力 $H_k = 50kN$。采用300mm×300mm的预制钢筋混凝土方桩打入桩基础。根据地质条件，确定硬塑黏土层为桩尖持力层。桩尖进入持力层1.60m。桩数 $n = 5$ 根，桩顶伸入承台50mm，钢筋保护层取80mm。重要性系数 $\gamma_0 = 1.0$。施工场地地层条件为：

（1）粉质黏土层6.1m：$I_L = 0.6$，取 $q_{ik} = 60kPa$；

（2）饱和软黏土层8.2m：属于淤泥质土，取 $q_{ik} = 28kPa$；

（3）硬塑黏土3m：$I_L = 0.25$，取 $q_{ik} = 75kPa$，端土极限承载力标准值 $q_{rk} = 6500kPa$。

试完成验算并回答问题。

（1）进行群桩中单桩的竖向承载力验算。

（2）若不考虑承台效应，沿平行于 x 轴方向应均匀布置截面积约为多大的 HRB335 级钢筋？

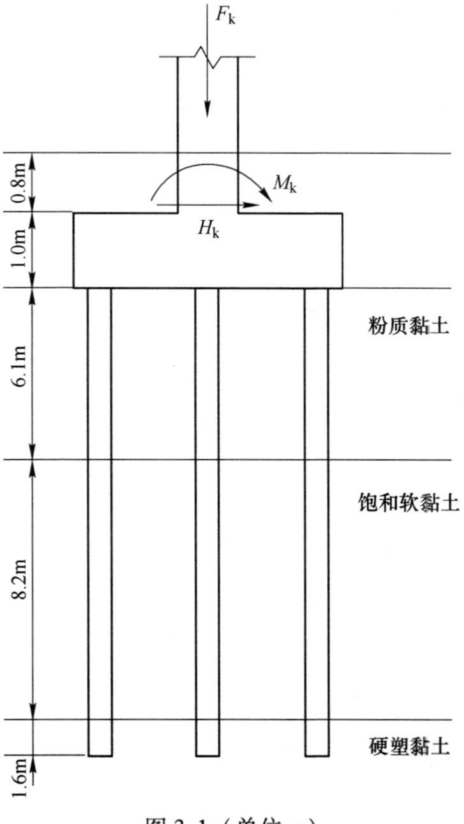

图 3.1（单位 m）

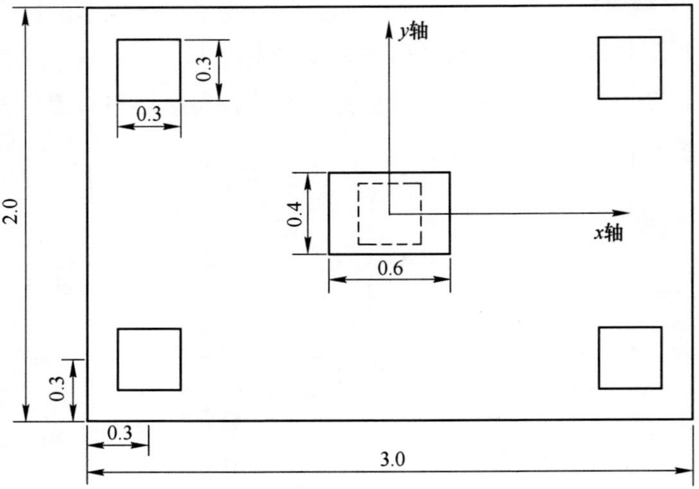

图 3.2（单位 m）

4. 某桩基础平面图如图 3.3 所示。现需设计一桥墩墩柱（尺寸为 0.5m×0.4m）的预制桩基础。柱底处作用荷载为 $F_k=3000\text{kN}$，$M_k=800\text{kN}\cdot\text{m}$，$H_k=110\text{kN}$。矩形承台选用 C25 混凝土，$f_{td}=1.2\text{MPa}$，承台埋深 $d=2.5\text{m}$，承台高 1.6m，桩长 $l=12\text{m}$，单桩承载力容许值 $R_a=1500\text{kN}$，抗力系数 $\gamma_R=1.25$，重要性系数 $\gamma_0=1.1$。初选 4 根截面为 0.35m×0.35m 的预制桩，桩中心距承台边距均为 0.35m。试验算该桩是否满足承载要求，并对角桩进行冲切验算。（注：计算中 $h_0=1.5\text{m}$）

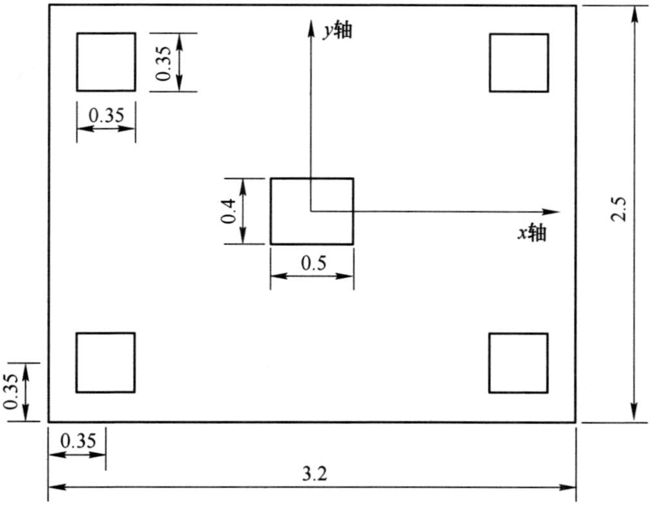

图 3.3（单位 m）

第四章　沉井基础

一、填空题

1. 加快沉井下沉的辅助方法有(　　　　)、(　　　　)和(　　　　)。

2. 沉井施工须事先在地表制作成一个井筒状的结构物，然后在井壁的围护下通过从井内不断挖土，使沉井在自重作用下逐渐下沉，达到预定设计标高后，再进行(　　　　)，构筑内部结构。

3. 井点法降低地下水位排水，根据使用设备的不同，主要有(　　　)、(　　　)及(　　　)等类型。

4. 沉井基础按竖向剖面形式可分为(　　　)、(　　　)及(　　　)。

5. 沉井构造包括(　　　)、(　　　)、(　　　)、井孔、封底和顶盖板等。

6. 沉井刃脚在沉井下沉过程中的作用是(　　　)。

7. 壁后压气沉井法所需的气压可取静水压力的(　　　)倍。

二、判断题

1. 沉井井孔应对称于沉井中心轴布置。(　　)

2. 当沉井需要射水助沉时，射水管应沿井壁均匀布置。(　　)

3. 沉井施工中抽取垫木时，应遵循分区、依次、对称、同步的原则。(　　)

4. 沉井施工中抽取垫木时，应按先抽长边、后抽短边的顺序进行。(　　)

5. 阶梯形沉井下沉时遇到的阻力小于矩形沉井。(　　)

6. 沉井发生偏斜时，可在顶部施加水平力扶正。(　　)

7. 降低沉井水位有助于沉井下沉。(　　)

8. 当采用泥浆润滑套助沉时，在沉井下沉至设计标高时，应用水泥浆置换泥浆。(　　)

三、选择题（多选）

1. 沉井施工过程中，在抽除垫木时，应依据(　　)的原则进行。

   A. 对称

   B. 分区

   C. 依次

   D. 同步

2. 沉井的一般构造可分为(　　)

A. 井壁

B. 射口挡板

C. 垫层

D. 刃脚

3. 沉井隔墙的作用有：(　　)

A. 施工中用作围堰，承受土、水压力

B. 增加沉井在下沉过程中的刚度，减小井壁受力计算跨度

C. 分隔井孔，控制沉降及纠偏

D. 保持井内水位

4. 沉井发生倾斜时纠正方法是：(　　)

A. 在沉井高的一侧集中挖土

B. 在低的一侧回填砂石

C. 在沉井高的一侧加重物或用高压射水冲松土层

D. 必要时可在沉井顶面施加水平力扶正

四、简答分析题

1. 沉井基础由哪些部分组成？简述其中两个组成部分的功能。

2. 简述沉井发生倾斜时的纠正方法。

3. 沉井基础和桩基础的荷载传递有何区别?

4. 沉井基础有哪些特点？

5. 沉井基础按立面构造可划分为哪些类型，各自有什么特点。

6. 沉井在施工中会出现哪些问题，应如何处理？

7. 沉井作为深基础的设计计算包括哪些内容？

8. 沉井基础基底应力验算的基本原理是什么？

9. 沉井在施工过程中作为结构物，应进行哪些验算？

10. 浮运沉井的计算有何特殊性？

五、计算题

某圆筒形钢筋混凝土沉井如图 4.1 下沉深度 $h=16\text{m}$，外直径 $D=18\text{m}$，内直径 $d=15.5\text{m}$，$\gamma=26\text{kN/m}^3$。下沉土层分为两层，上层为硬塑状粉质黏土，厚 6m，井壁单位面积摩阻力 $q_{ik}=35\text{kPa}$；下层为可塑状黏性土，厚 10m。试验算沉井下沉到顶部与地面齐平时，下沉系数是否满足要求？若下沉系数不满足要求，试提出可行措施以保证沉井下沉。

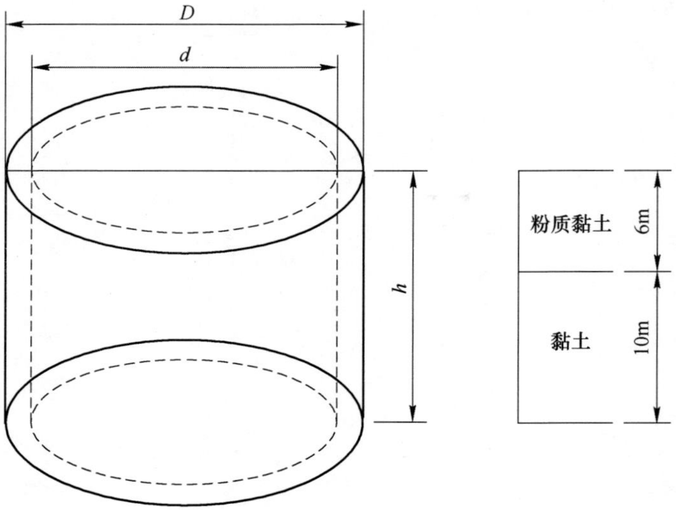

图 4.1　（单位 m）

第五章　地基处理

一、填空题

1. 软土是淤泥和淤泥质土的总称，主要是由天然含水量大、(　　) 高、承载能力低的淤泥沉积物及少量腐殖质所组成的土。

2. 换土垫层法是指当建筑物基础下的持力层比较软弱，不能满足上部荷载对地基的要求时，将基础以下一定深度、宽度范围内的软土层挖去，然后回填强度较大的砂、石或灰土等，并夯至(　　)。

3. 砂井堆载预压法是在软土层中按一定距离打入管井，井中灌入透水性良好的砂，形成排水“砂井”。在堆载预压下，加速地基(　　)，提高地基承载能力。

4. 挤密砂桩法是利用振动或锤击作用，将桩管打入土中，分段向桩管加砂石，不断提升并(　　)而建成桩的方法。

5. 强夯法是指为提高软弱地基的承载力，用(　　)从一定高度下落夯击土层，使地基迅速固结的方法。

6. 复合地基是指天然地基在地基处理过程中部分土体得到增强，或被置换，或在天然地基中设置加筋材料，加固区是由(　　)和

(　　)两部分组成的人工地基。

7. 砂井堆载预压法中，在确定砂井的直径和间距时以(　　)为佳。

8. 强夯法的加固，根据土的类别和强夯施工工艺的不同分为(　　　)、(　　　)及(　　　)三种加固机理。

9. 振冲法处理砂土地基时，其加固机理为振动挤密；在黏性土中，其加固机理为(　　　)。

10. 土木合成材料的功能包括隔离、加筋、反滤、(　　)、防水和防护。

二、判断题

1. 用挤密砂桩处理软黏土时，砂桩主要起到了置换和排水的作用。(　　)

2. 重锤夯实法是适用于深层地基的处理方法。(　　)

3. 深层搅拌法是一种化学加固法。(　　)

4. 采用胶结法处理软土地基，能加强地基防渗性能。(　　)

5. 复合地基承载后仅由增强体承担荷载，而基体不参与承受载荷。(　　)

三、选择题（多选）

1. 利用化学方法使得土粒胶结在一起，提高土的强度，减小土的压缩性的地基处理方法有：（　　）

A. 硅化法

B. 旋喷法

C. 挤密砂桩

D. 深层搅拌

2. 对于饱和软黏土，适用的处理方法有：（　　）

A. 碾压

B. 强夯

C. 降水预压

D. 堆载预压

3. 通过置换处理地基的方法有：（　　）

A. 换土垫层

B. 碎石桩

C. 石灰桩法

D. 深层搅拌桩

4. 通过增加排水途径，缩短排水距离，加速地基固结来进行地基处理的方法有：（　　）

A. 砂井法

B. 堆载预压法

C. 塑料排水板法

D. 碎石桩法

5. 软土的工程特性有：（　　）

A. 含水量较高，孔隙比较大

B. 抗剪强度低

C. 压缩性较高

D. 渗透性很小

四、简答分析题

1. 什么是堆载预压法，预压荷载如何取值？

2. 电渗排水法的工作机理是什么？

3. 工程中常采用的地基处理方法可分为几类？

4. 挤密砂桩和排水砂桩的作用有何不同?

5. 列举土工合成材料的主要功能。

6. 换填垫层法适用什么地基，其作用是什么？

7. 砂石桩法的适用条件是什么，有哪些作用？

8. 水泥土搅拌法根据施工方法分为几种类型，适于哪些地基类型？

习题答案

第一章　绪　　论

一、选择题

1.（ABCD）；2.（AC）；3.（ABD）

二、简答分析题

1. 简述基础工程的形式及适用条件。

答：基础工程常见形式分为天然地基上的浅基础、天然地基上的深基础、人工地基上的浅基础三类。如果天然地基承载力较高，能够满足基础以上荷载作用下的强度、变形、稳定性的要求，应优先选用天然地基上的浅基础；若浅层土承载力不足，但下部较深土层有良好的承载力，可考虑天然地基上的深基础形式；若深基础不可行或没有较好土层，可考虑对浅层地基进行人工加固处理后，设置人工地基上的浅基础。

2. 简述上部结构、地基、基础共同作用的概念。

答：上部结构、基础、地基三者在相互的接触面上保持静力平衡，并且是相互联系成整体来承担荷载并发生变形，三部分都按各自的刚度对变形产生相互制约的作用，从而使整个体系的内力和变形发生变化。因此，在设计时应考虑三者的共同作用，即地基、基础、上部结构之间必须同时满足静力平衡和变形协调两个条件，在外荷作用下相互制约、彼此影响。

3. 简述基础设计的步骤。

答：基础设计的步骤为：

（1）初步拟定基础的结构形式、材料与平面布置；

（2）确定基础埋置深度；

（3）计算作用在基础顶面的荷载；

（4）计算地基承载力；

（5）根据作用在基础顶面的荷载和地基承载力，计算基础的底面积，并以此计算基础的长度和宽度；

（6）计算基础高度、确定剖面形状；

（7）若地基持力层下存在软弱下卧层时，则需验算软弱下卧层承载力；

（8）按要求计算地基变形。

4. 浅基础与深基础有哪些区别?

答：（1）埋置深度：浅基础埋置深度在5m以内，其结构形式较简单，深基础埋深大于5m以上且基础宽度小于埋深，其结构形式一般较复杂；

（2）设计：浅基础不考虑基础侧面的土体对基础竖向的摩阻力和水平向的土抗力，而深基础要考虑；

（3）施工：浅基础一般是明挖，施工方法及设备简单，造价低；而深基础一般需要专门的设备开挖，施工方法及设备较复杂，造价较高。

5. 何谓刚性基础，其有什么特点？

答：刚性基础是指由抗压强度高，抗剪抗弯强度较低的材料砌筑而成，要求有足够的截面抵抗弯曲拉应力和剪应力，即满足刚性角的要求，从而不需要配置钢筋的基础。其特点是稳定性好、施工简便、自重大，能承受较大的荷载，适合于地基条件较好、持力层承载力较高的情况。

6. 基础埋置深度应考虑哪些因素？

答：（1）地基的地质条件；

（2）河流的冲刷深度；

（3）当地的冻结深度；

（4）上部结构形式；

（5）当地地形条件；

（6）最小埋置深度。

第二章 浅基础

一、填空题

1. 0. 5～1m，排水沟

2. 板桩墙支护，喷射混凝土护壁，混凝土围圈

3. 表面排水法，井点降水法

4. 持力层验算，软弱下卧层验算，地基承载力容许值

5. 木，钢筋混凝土，钢

6. 等弯矩，等反力

7. 现场荷载试验，理论公式，经验公式

8. 砖，毛石，混凝土

9. 慢慢减少，下卧层

10. 人工处理

二、判断题

1. （×）；2. （×）；3. （√）；4. （√）；5. （√）；6. （√）；7. （×）；8. （√）；9. （×）；10. （×）；11. （×）；12. （×）；13. （√）；14. （√）

三、选择题

1. （B）；2. （A）；3. （B）；4. （D）；5. （BD）；6. （ABCD）；7. （ABCD）；8. （AD）；9. （BC）

四、简答分析题

1. 刚性扩大基础的设计与计算有哪些步骤？

答：埋深确定，扩大基础尺寸拟定，地基承载力验算，基底合力偏心距，稳定性验算，沉降验算。

2. 表面排水法是基坑排水的常用方法，试解释什么是表面排水法，有什么优点？

答：表面排水法：在基坑四周开挖集水沟，汇集坑壁及坑底流水，引向四角的更深的集水坑，再由水泵抽出基坑外侧。这种排水方法设备简单、费用低，一般土质条件下均可采用（细粒土除外）。

3. 浅基础的构造形式有哪些？

答：构造形式有：刚性扩大基础，单独和联合基础，条形基础，筏板和箱型基础。

4. 何谓刚性角，它与哪些因素有关？

答：刚性角是指从与基础相连的上部结构边缘处的垂线与基底边缘的连线间的最大夹角。它与基础所用的材料强度有关，也与基底压力有关。

5. 刚性扩大基础为什么要验算基底合力偏心距？

答：验算刚性扩大基础底面的合力偏心距的目的是控制其大小，尽可能使基底应力分布均匀，以免基底两侧应力相差过大，使基础产生较大的不均匀沉降，而使上部结构发生倾斜，影响正常使用。

6. 水中基坑开挖的围堰有哪几种形式?

答: 水中基坑开挖的围堰形式有以下几种：土围堰、草袋围堰、钢板桩围堰、双壁钢围堰、地下连续墙围堰等。

7. 水中基坑开挖的围堰应满足哪些要求?

答: （1）围堰顶面标高应高出施工期间可能出现的最高水位0.5m以上；

（2）修建围堰时，河道断面压缩一般不超过流水断面积的30%，必要时应采取有效防护措施；

（3）围堰内尺寸应满足基础施工要求，留有适当工作面积，基坑边缘至堰脚距离一般不小于1m；

（4）围堰结构应能承受施工期间产生的土压力、水压力以及其他可能发生的荷载，满足强度和稳定要求，并应具有良好的防渗性能。

8. 确定地基容许承载力的方法有哪些?

答: 一般有四种方法确定：

（1）在土质基本相同的条件下，参照邻近建筑物的地基容许承载力；

（2）根据现场载荷试验曲线确定；

（3）按地基承载力理论公式计算；

（4）按现行规范提供的经验公式计算。

五、计算题

1. **解：**

$$[f_a] = [f_{a0}] + k_1\gamma_1(b-2) + k_2\gamma_2(h-3) = 370 + 2 \times 17.5 \times (4-2)$$
$$= 440\text{kPa}$$

$$F + G = 160 + 2 \times 4 \times 2 \times 20 = 1920\text{kN}$$

$$M = 100 + 2 \times 50 = 200\text{kN} \cdot \text{m}$$

$$p = \frac{F+G}{A} = \frac{1920}{8} = 240\text{kPa} < [f_a] = 440\text{kPa}$$

$$p_{max/min} = \frac{F+G}{A} \pm \frac{M}{W} = 1920/8 + 6 \times 200/(2 \times 4^2)$$
$$= 240 \pm 37.5\text{kPa} < 1.0[f_a]$$

$$e = \frac{M}{F+G} = \frac{200}{1920} = 0.104\text{m} < \frac{b}{6} = 0.666\text{m}$$

2. **解：**

长度方向 $a = l + 2H\tan 40° = 2 + 2 \times 1.2 \times 0.839 = 4.01\text{m}$

长度方向 $b = d + 2H\tan 40° = 0.8 + 2 \times 1.2 \times 0.839 = 2.81\text{m}$

3. **解：**

$$[f_a] = [f_{a0}] + k_1\gamma_1(b-2) + k_2\gamma_2(h-3) = 330\text{kPa}$$

$$F+G=210+1.5\times1.6\times1\times20=258\text{kN}$$

$$M=30\text{kN} \cdot \text{m}$$

$$p = \frac{F+G}{A} = 258/1.6 = 161.25\text{kPa} < [f_a] = 330\text{kPa}$$

$$p_{max/min} = \frac{F+G}{A} \pm \frac{M}{W} = 231.6/90.9\text{kPa} < 1.0[f_a] = 330\text{kPa}$$

$$e = \frac{M}{F+G} = \frac{30}{258} = 0.116\text{m} < \frac{b}{6} = 0.27\text{m}$$

4. **解：**

（1）地基承载力容许值确定

$$[f_a] = [f_{a0}] + k_1\gamma_1(b-2) + k_2\gamma_2(h-3) = 178\text{kPa}$$

（2）持力层承载力验算

$$e = \frac{M_k + H_k h}{F_k + G_k} = \frac{200 + 60 \times 1.1}{800 + 20 \times 3.5 \times 3 \times 2.2} = 0.21\text{m} < \frac{b}{6} = 0.5\text{m}$$

$$p_{kmax} = \frac{N}{A}\left(1 + \frac{e}{\rho}\right) = 97 \times \left(1 + \frac{6 \times 0.21}{3}\right)$$

$$= 170.67\text{kPa} < 1.0[f_a] = 178\text{kPa}$$

（3）软弱下卧层承载力验算

$$\gamma_1(h+z) + \alpha(p - \gamma_2 h) \leqslant \gamma_R[f_a]$$

$$0.8 \times 17 + 7 \times 1.2 + 3.2 \times 8.5 + 0.65 \times (9020/10.5 - 11)$$

$$= 100.18\text{kPa} < 1.0[f_a] = 120\text{kPa}$$

5. **解：**

基础高度 $h=800\text{mm}$，其有效高度为 $h_0=800-40=760\text{mm}$

基底净反力

$$p_{smax/smin} = \frac{F}{A} \pm \frac{M}{W} = 1680/(4 \times 3) \pm 6 \times 200/(3 \times 4^2) = 165/115\text{kPa}$$

$$A = b\left(\frac{a}{2} - \frac{a_t}{2} - h_0\right) - \left(\frac{a}{2} - \frac{b_t}{2} - h_0\right)^2 = 2.33\text{m}^2$$

$$b_b = b_t + 2h_0 = 2.12\text{m} < 3\text{m}$$

$$F_{ld} = p_s A = 165 \times 2.33 = 384.45\text{kN}$$

$$0.7\beta_h f_{td} b_m h_0 = 0.7 \times 0.85 \times 1.39 \times 10^3 \times 1.36 \times 0.76$$

$$= 854.84\text{kN} > \gamma_0 F_{ld} = 384.45\text{kN}$$

因而抗冲切满足要求（见下图）。

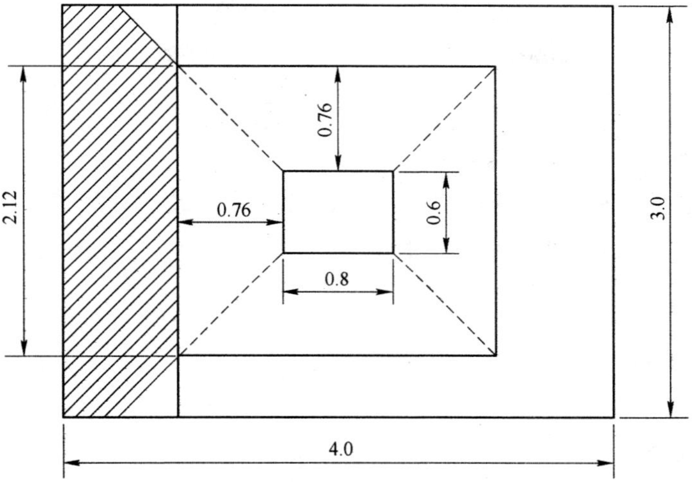

(单位：m)

第三章　桩基础

一、填空题

1. 桩基础，沉箱基础，沉井基础，地下连续墙
2. 固定桩位和导向，防止坍塌，隔离孔外地表水
3. 单桩承载力之和，单桩承载力
4. 抽浆，掏渣
5. 过大变形
6. 深度效应
7. 堆载法，锚桩法
8. 缩颈，复打
9. 桩的计算宽度
10. 临界深度
11. 对称、非对称
12. 外密内疏
13. 主筋，箍筋，加强钢筋
14. 桩身纵向挠曲破坏，桩底土整体剪切破坏，刺入破坏
15. 直升导管法
16. 现浇混凝土护圈，沉井护圈，钢套管护圈
17. 打桩试验，2 根
18. 设计的吊点位置

二、判断题

1. （×）；2. （×）；3. （×）；4. （×）；5. （×）；6. （√）；7. （×）；8. （×）；9. （√）；10. （√）；11. （×）；12. （×）；13. （×）；

14. （√）；15. （×）；16. （√）；17. （√）；18. （√）；19. （×）；20. （×）

三、选择题

1. （A）；2. （D）；3. （D）；4. （D）；5. （D）；6. （B）；
7. （B）；8. （B）；9. （ABCD）；10. （AC）；11. （ABCD）；
12. （ABC）；13. （ABD）；14. （ABCD）；15. （AB）；
16. （ABC）；17. （ABC）；18. （BC）；19. （ABCD）；
20. （BD）；21. （ABD）

四、简答分析题

1. 钻孔灌注桩如果采用旋转钻机成孔，有几种方法？简要说明其中一种方法的成孔过程。

答： 正循环钻孔和反循环钻孔。

正循环钻孔：泥浆由泥浆泵经泥浆管进入钻杆，泥浆携带土渣从孔壁和钻杆之间悬浮排出；

反循环钻孔：泥浆由孔壁和钻杆之间进入孔内，携带土渣由钻杆中心排出。

2. 单桩轴向承载力容许值的确定有哪些方法？

答： 静载试验法，经验公式法，动测试桩法，静力分析法。

3. 桩基础按照成桩过程的挤土效应可分为哪些类型？对每种类型试列举一种有代表性的桩基础。

答：（1）挤土桩。其代表为预制桩；

（2）部分挤土桩。其代表为底端开口钢管桩；

(3) 非挤土桩。其代表为钻孔灌注柱。

4. 桩基础有何特点?

答: 承载力高，稳定性好，沉降量小而均匀，在深基础中具有耗用材料少，施工简便；同时具有适应性强的特点，不仅便于机械化施工和工厂化生产，而且能以不同类型的桩基础适应不同的水文地质条件、荷载性质和上部结构特征。

5. 在竖向荷载作用下，端承桩和摩擦桩受力情况有什么不同?

答: 在竖向荷载作用下，端承桩所发挥的承载力以桩底土层的承载力为主，其特点是桩身穿过较松软土层，桩底支承在坚实土层或岩层中，且桩径比不太大；摩擦桩所发挥的承载力以侧摩阻力为主，其特点是桩穿过并支承在各种压缩性的土层中。

6. 钻孔桩施工前埋设护筒，其作用是什么?

答: (1) 固定桩位，并作钻孔导向；

(2) 保护孔口，防止孔口土层坍塌；

(3) 隔离孔内、孔外表层水，并保持钻孔内水位高于施工水位以稳定孔壁。

7. 钻孔桩施工前埋设护筒时，应注意哪些事项?

答: (1) 护筒平面位置应埋设正确，偏差不宜大于 50mm；

(2) 护筒顶标高应高出地下水位和施工最高水位 1.5~2.0m；

(3) 护筒底应低于施工最低水位 (一般低于 0.1~0.3m)；

(4) 护筒挖坑不宜太大 (一般比护筒直径大 0.1~0.6m)。

8. 钻孔灌注桩成孔时，泥浆起什么作用?

答: (1) 在孔内产生较大的静水压力，防止塌孔；

(2) 泥浆会向孔外土层渗漏，在钻进过程中，由于钻头的活动，孔壁表面形成一层胶泥，具有护壁作用，同时将孔内外水流切断，能稳定孔内水位；

(3) 泥浆相对密度大，具有挟带钻渣的作用，利于钻渣的排出；

(4) 能冷却机具和切土润滑，降低钻具磨损和发热程度。

9. 钻孔过程中有哪些注意事项?

答: (1) 钻孔时，保持钻孔护筒内水位要高出护筒外 1~1.5m 的水位差和护壁泥浆的要求，以起到护壁和固壁的作用，防止塌孔；

(2) 根据土质控制钻进速度，调整泥浆稠度，以防止坍孔及钻孔偏斜等；

(3) 钻孔宜一气呵成，不宜中途停钻，以避免坍孔；

(4) 钻孔过程中应加强对桩位、成孔情况的检查，终孔时应对桩位、孔径、形状等进行检查。

10. 灌注桩清孔的目的是什么，清孔有哪些方法? 试具体说明。

答: 清孔的目的是除去孔底沉淀的钻渣和泥浆，以保证灌注的钢筋混凝土质量，确保桩的承载力。方法有：(1) 抽浆清孔；(2) 掏渣清孔；(3) 换浆清孔。

11. 水下灌注混凝土应注意哪些问题?

答: (1) 混凝土拌和必须均匀，缩短运输距离，防止混凝土离析而发生卡管事故；

(2) 灌注混凝土必须连续作业，避免中断；

(3) 在灌注过程中，要随时测量混凝土灌注标高和导管入孔长度，提管时保证导管埋入混凝土面内有3~5m深度；
(4) 灌注的桩顶标高应比设计标高加高0.5m，此范围的浮浆和混凝土应凿除，以确保桩顶混凝土的质量。

12. 什么是单桩竖向承载力，确定的方法有哪些？

答：(1) 单桩竖向承载力是指单桩在外荷载作用下，不丧失稳定性，不产生过大变形所能承受的最大荷载，单桩竖向承载力由桩身材料强度和土对桩的支承力综合确定；
(2) 确定方法主要有：桩的静荷载试验和按静力学公式计算等。

13. 何谓群桩效应，什么情况下须考虑群桩效应？

答：群桩基础受竖向荷载后，由于承台、桩、土的相互作用使其桩侧阻力、桩端阻力、沉降等性状发生变化而与单桩明显不同，承载力往往不等于各单桩承载力之和，称其为群桩效应。当桩间中心距离小于或等于$6b_1$（b_1为单桩的计算宽度）时，需考虑群桩效应。

14. 单桩轴向容许承载力如何确定，哪几种方法较符合实际？

答：(1) 静载试验法；(2) 经验公式法；(3) 静力触探法；(4) 动测试桩法；(5) 静力分析法。
最符合实际的是静载实验法与经验公式法。

15. 桩基础内的基桩在平面布设上有什么基本要求？

答：当桩外露地面部分较高时，桩间以横系梁连接，以加强各桩的横向联系。多数情况下桩基础是由多根桩组成的群桩基础，基桩可全部或部分埋入地基土中。

16. 高桩承台和低桩承台设计位置有何不同，各自的施工特点是什么?

答：高桩承台是承台底面位于地面以上，由于承台位置较高，在施工水位以上，可减少墩台的圬工数量，避免或减少水下作业，施工较为方便，但稳定性低；低桩承台是承台的承台底面位于地面以下，在水下施工，工作量大，结构稳定。

17. 地基土的水平向土抗力大小与哪些因素有关?

答：土体的性质，桩身刚度大小，桩的截面形状，桩与桩间距，桩入土深度及荷载大小。

18. 承台设计包括哪些内容?

答：承台设计包括承台材料，形状，高度，地面标高和平面尺寸确定以及强度验算。

19. 桩基础的设计包括哪些内容，通常应验算哪些内容?

答：设计包括：桩基础类型，桩径、桩长、桩数，桩平面布置，承台位置与尺寸。

需要做的验算有：单根基桩验算，群桩基础承载力和沉降量验算，承台强度验算。

20. 试分别根据桩的承载性状和桩的施工方法对桩进行分类?

答：（1）按承载性状分：摩擦型桩（摩擦桩；端承摩擦桩）和端承型桩（端承型；摩擦端承型）；（2）按施工方法分：预制桩；灌注桩。

五、计算题

1. **解：**

桩边长 0.3m，$u=3.14d=0.942$

查得黏性土 $\alpha_i=0.6$，中密中砂 $\alpha_i=1.1$、$\alpha_r=1.1$

$$[R_a]=\frac{1}{2}\left(u\sum_{i=1}^{n}\alpha_i l_i q_{ik}+\alpha_r A_p q_{rk}\right)$$

$$=\frac{1}{2}\times[0.942\times(0.6\times10\times30+1.1\times4\times55)+$$

$$4500\times3.14\times0.15^2\times1.1]=373.62\text{kN}$$

2. **解：**

$$G_k=a\times b\times h\times\gamma=2.5\times2.5\times2\times20=250\text{kN}$$

$$N_k=\frac{F_k+G_k}{n}=\frac{2400+250}{4}=662.5\text{kN}<[R_a]=750\text{kN}$$

$$N_{kmax}=N_k+\frac{M_k x_{max}}{\sum x_i^2}=662.5+\frac{200\times0.85}{4\times0.85^2}=721.3\text{kN}<[R_a]$$

$$=750\text{kN}$$

单桩承载力可以满足要求。

3. **解：**

（1）单桩竖向承载力容许值

$u=4\times0.3=1.2\text{m}$

$A_p=0.3\times0.3=0.09\text{m}^2$

$$[R_a]=\frac{1}{2}\left(u\sum_{i=1}^{n}\alpha_i l_i q_{ik}+\alpha_r A_p q_{rk}\right)$$

$$=\frac{1}{2}\times[1.2\times(0.7\times6.1\times55+0.6\times8.2\times28+$$

$$0.6\times75\times1.6)+0.6\times0.09\times2400]=455.08\text{kN}$$

（2）单桩桩顶最大荷载

单桩所受的平均竖向作用力：

$$N_k = \frac{F_k + G_k}{n} = \frac{1600 + 20 \times 1.6 \times 2.6 \times 1.8}{5}$$

$$= 350\text{kN} < [R_a] = 455.08\text{kN}$$

单桩最大受力：

$$N_{kmax} = N_k + \frac{M_k x_{max}}{\sum x_i^2} = 350 + \frac{200 \times 1}{4 \times 1^2} = 400\text{kN} < [R_a] = 455.08\text{kN}$$

因而，单桩竖向承载力符合要求。

（3）承台受弯计算

$$M_y = \sum N_{max} x_i = 2 \times 400 \times 0.7 = 560\text{kN} \cdot \text{m}$$

由 $\gamma_0 M_d \leqslant f_{cd} bx(h_0 - x/2)$ 及 $f_{cd} bx = f_{sd} A_s$

可得 $A_s = 2465\text{mm}^2$

4. 解：

（1）单桩轴向承载力验算

$$P_{max} = (F + G)/n + (M + Hh)x_{max}/x^2$$

$$= (3500 + 2.4 \times 3 \times 2.4 \times 20)/4 + (900 + 120 \times 1.5) \times 1.1/(4 \times 1.1^2)$$

$$= 921.5\text{kN} < 1500\text{kPa}$$

（2）冲切验算

$$\gamma_0 F_{ld} \leqslant 0.6 f_{td} h_0 [2\alpha_{px}(b_y + a_y) + 2\alpha_{py}(b_x + a_x)]$$

$F_l = F = 3850\text{kN}$

$b_y = 0.4\text{m}$　$a_y = 0.4\text{m}$

$b_x = 0.55\text{m}$　$a_x = 0.625\text{m}$

$\lambda_x = 0.45$　$\lambda_y = 0.28$

$\alpha_{px} = 1.2/(\lambda_x = 0.2) = 1.85$

$\alpha_{py} = 1.2/(\lambda_y + 0.2) = 2.47$

$0.6f_{td}h_0[2\alpha_{px}(b_y + a_y) + 2\alpha_{py}(b_x + a_x)] = 7965\text{kN} > \gamma_0 F_{ld} = 3850\text{kN}$

因此，柱边冲切满足要求。

第四章　沉井基础

一、填空题

1. 射水，空气幕，泥浆
2. 封底
3. 轻型井点降水，喷射井点，电渗井点
4. 竖直式，阶梯式，倾斜式
5. 井壁，刃脚，内隔墙
6. 切土下沉
7. 2.5

二、判断题

1.（√）；2.（√）；3.（√）；4.（×）；5.（√）；6.（×）；
7.（√）；8.（√）

三、选择题

1.（ABCD）；2.（AD）；3.（BC）；4.（ABCD）

四、简答分析题

1. 沉井基础由哪些部分组成？简述其中两个组成部分的功能。

答：沉井基础一般由井壁、刃脚、隔墙、井孔、凹槽、封底和顶板等组成。

井壁：作用是在沉井下沉过程中挡土、挡水及利用本身自重克服土与井壁之间摩擦阻力下沉。

刃脚：作用是利于沉井切土、下沉。

隔墙：作用是将沉井空腔分割成多个井孔，便于控制挖土下沉，防止倾斜偏移。

井孔：挖土排土的工作场所和通道。

凹槽：封底时利于井壁与封底混凝土的良好结合。

2. 简述沉井发生倾斜时的纠正方法。

答：在沉井高的一侧集中挖土；在低的一侧回填砂石；在沉井高的一侧加重物或用高压射水冲松土层；必要时可在沉井顶面施加水平力扶正。

3. 沉井基础和桩基础的荷载传递有何区别？

答：沉井基础依靠自身重力克服井壁摩擦力下沉至设计标高，然后经过混凝土封底，使其成为桥梁墩台或其他结构物的基础，是整体承载；而桩基础是由桩顶竖向荷载传递给侧面土及底层土，从而产生桩侧摩阻力和桩底摩阻力，具有分散承载的特点。

4. 沉井基础有哪些特点？

答：埋置深度可以很大，整体性强，稳定性好，有较大的承载面积，能承受较大的垂直荷载和水平荷载。沉井既是基础，又是施工时的挡土墙和挡土围堰结构物，施工工艺并不复杂，在桥梁工程中得到较广泛的应用。沉井施工时对邻近建筑物影响较小且内部空间可以利用，因而常用作工业建筑物尤其是软土中地下建筑物的基础，也常用做竖井和地下油库等。

5. 沉井基础按立面构造可划分为哪些类型，各自有什么特点。

答：主要有竖直式、倾斜式及台阶式等。竖直式沉井在下沉过程中不易倾斜，井壁接长较简单，模板可重复使用。倾斜式及台阶式井壁可以减小土与井壁的摩阻力，其缺点是施工较复杂，消耗模板多，同时沉井下沉工程中容易发生倾斜。

6. 沉井在施工中会出现哪些问题，应如何处理?

答：（1）沉井发生倾斜和偏移。倾斜：在沉井高的一侧集中挖土，在低的一侧回填砂石，在沉井高的一侧加重物或用高压射水冲松土层，必要时可在沉井顶面施加水平力扶正。偏移：先使沉井倾斜，然后均匀除土，使沉井底中心线下沉至设计中心线后，再进行纠偏。

（2）沉井下沉困难。增加沉井自重：可提前浇筑上一节沉井，以增加沉井自重，或在沉井顶上压重物迫使沉井下沉，对不排水下沉的沉井，可以抽出井内的水以增加沉井自重，用这种方法要保证土不会产生流砂现象。减小沉井外壁的摩阻力：可以将沉井设计成梯形，钟形，或在施工中尽量使外壁光滑，也可在井壁内设置高压射水管组。

7. 沉井作为深基础的设计计算包括哪些内容?

答：（1）非岩石地基上沉井基础计算；

（2）基底嵌入基岩内地计算方法；

（3）墩台顶面水平位移的计算；

（4）验算。

8. 沉井基础基底应力验算的基本原理是什么?

答：计算出来的最大应力不应超过沉井底面处土地允许压应力。

9. 沉井在施工过程中作为结构物，应进行哪些验算？

答：（1）沉井自重下沉验算；

（2）第一节沉井的竖向挠曲验算；

（3）沉井刃脚受力计算；

（4）井壁受力计算；

（5）混凝土封顶及其井盖计算。

10. 浮运沉井的计算有何特殊性？

答：浮运沉井在浮运过程和就位接高下沉过程中均为浮体，要有一定吃水深度，使重心低、不易倾覆，保证浮运时的稳定；同时，还必须具有足够高出水面的高度，使沉井不因风浪沉没。因此，除前述计算外，还应考虑沉井浮运过程的受力情况，进行浮体稳定性（沉井重心，浮心和定倾半径分析确定与比较）和井壁露出水面高度的验算。

五、计算题

解：（1）下沉系数计算

沉井的体积：

$$V = \pi(R^2 - r^2)H = \pi\left[\left(\frac{18}{2}\right)^2 - \left(\frac{15.5}{2}\right)^2\right] \times 16 = 1052.40\text{m}^3$$

沉井的自重（取沉井容重 $\gamma = 25\text{kN/m}^3$）：

$G = \gamma_G V = 26 \times 1052.40 = 27362.47\text{kN}$

根据规定，取土体与井壁单位面积侧摩阻力为：

硬塑状粉质黏土：$q_{ik} = 35\text{kPa}$

可塑状黏性土：$q_{ik} = 22\text{kPa}$

沉井下沉时土体与井壁的总摩阻力 R_f 值：

$$R_f = [(h_1 - 2.5)f_{1k} + h_2 f_{2k}] \times U$$
$$= [(6 - 2.5) \times 35 + 10 \times 22] \times \pi \times 18$$
$$= 19358.1\text{kN}$$

不考虑地下水的影响（排水下沉），且在下沉时刃脚底面和斜面的土方被挖空。

沉井下沉系数：

$$K_s = \frac{G}{R_f} = \frac{27362.47}{19358.1} = 1.41 > 1$$

所以，下沉系数满足要求。

（2）沉井施工方法：应结合工程地质特点和工程特点采用适当的下沉和减阻措施，可以采用：

1）吸泥不排水（可采用）；

2）排水下沉（适用，但非减阻措施）；

3）泥浆润滑套（可采用）；

4）空气幕助沉（可采用）。

第五章 地基处理

一、填空题

1. 压缩性
2. 密实
3. 排水固结
4. 反复挤压
5. 重锤
6. 基体，增强体
7. 细而密
8. 动力挤密，动力固结，动力置换
9. 振冲置换
10. 排水

二、判断题

1.（√）；2.（×）；3.（√）；4.（√）；5.（×）

三、选择题

1.（ABD）；2.（CD）；3.（ABC）；4.（AC）；5.（ABCD）

四、简答分析题

1. 什么是堆载预压法，预压荷载如何取值？

答： 堆载预压法是在地基中设置排水通道——砂垫层和竖向排水系统，以缩短土体固结排水距离，在地基表面分级堆土或其他荷载，达到预定标准后再卸载，使地基土压实、沉降、固结。一般预压荷载的大小约为建筑物荷载的1.3倍，特殊情况则可根据工程具体要求来确定。

2. 电渗排水法的工作机理是什么?

答： 通过电渗作用可逐渐排出土中水。在土中插入金属电极并通以直流电，由于直流电场的作用，土中的水从阳极流向阴极，然后将水从阴极排出，而不让水在阳极附近补充，借助电渗作用可逐渐排出土中水。在工程上常利用它降低黏性土中的含水量或降低地下水位，来提高地基承载力或边坡的稳定性。

3. 工程中常采用的地基处理方法可分为几类?

答： 有三大类：（1）物理处理：置换，排水，挤密，加筋；

（2）化学处理：搅拌，灌浆；

（3）热学处理：热加固，冻结。

4. 挤密砂桩和排水砂桩的作用有何不同?

答： 挤密砂桩主要通过桩体的置换和排水作用加速桩间土的排水固结，形成复体地基，提高地基承载力；排水砂桩的作用是排水固结。

5. 列举土工合成材料的主要功能。

答： 主要功能有隔离、加筋、反滤、排水、防渗、防护等。

6. 换填垫层法适用什么地基，其作用是什么?

答： 换填垫层法适用于浅层软弱地基及不均匀地基的处理。其主要作用是提高地基承载力，减少沉降量，加速软弱土层的排水固结，防止冻胀和消除膨胀土的胀缩。

7. 砂石桩法的适用条件是什么，有哪些作用？

答：（1）适用条件：可用于挤密松散砂土、粉土、黏性土、素填土、杂填土等地基；

（2）作用：提高地基的承载力和降低压缩性，也可用于处理可液化地基。对饱和黏土地基上变形控制不严的工程也可采用砂石桩置换处理，使砂石桩与软黏土构成复合地基，加速软土的排水固结，提高地基承载力。

8. 水泥土搅拌法根据施工方法分为几种类型，适用于哪些地基类型？

答：（1）可分为浆液深层搅拌法（简称湿法）和粉体喷搅法（简称干法）；

（2）水泥土搅拌法适用于处理正常固结的淤泥与淤泥质土、黏性土、粉土、饱和黄土、素填土以及无流动地下水的饱和松散砂土等地基。

参考文献

[1] 中华人民共和国行业标准．JTG D60—2004 公路桥涵设计通用规范［S］．北京：人民交通出版社，2004.

[2] 中华人民共和国行业标准．JTG D63—2007 公路桥涵地基与基础设计规范［S］．北京：人民交通出版社，2007.

[3] 中华人民共和国行业标准．JTG D62—2004 公路钢筋混凝土及预应力混凝土桥涵设计规范［S］．北京：人民交通出版社，2004.

[4] 王晓谋．基础工程［M］．4 版．北京：人民交通出版社，2010.

[5] 周景星，等．基础工程［M］．2 版．北京：清华大学出版社，2006.

[6] 胡人礼．桥梁桩基础设计［M］．北京：人民铁道出版社，1976.

[7] 赵明华．桥梁桩基础计算与检测［M］．北京：人民交通出版社，2001.

[8] 任文杰．基础工程［M］．北京：中国建材工业出版社，2007.